Impressum
Verlag: BABADADA GmbH, Nedderfeld 112 , 22529 Hamburg
Geschäftsführer / Verlagsleitung: Harald Hof
Druck: Books on Demand GmbH, In de Tarpen 42, 22848 Norderstedt

Imprint
Publisher: BABADADA GmbH, Nedderfeld 112 , 22529 Hamburg, Germany
Managing Director / Publishing direction: Harald Hof
Print: Books on Demand GmbH, In de Tarpen 42, 22848 Norderstedt, Germany

dugsi
школа

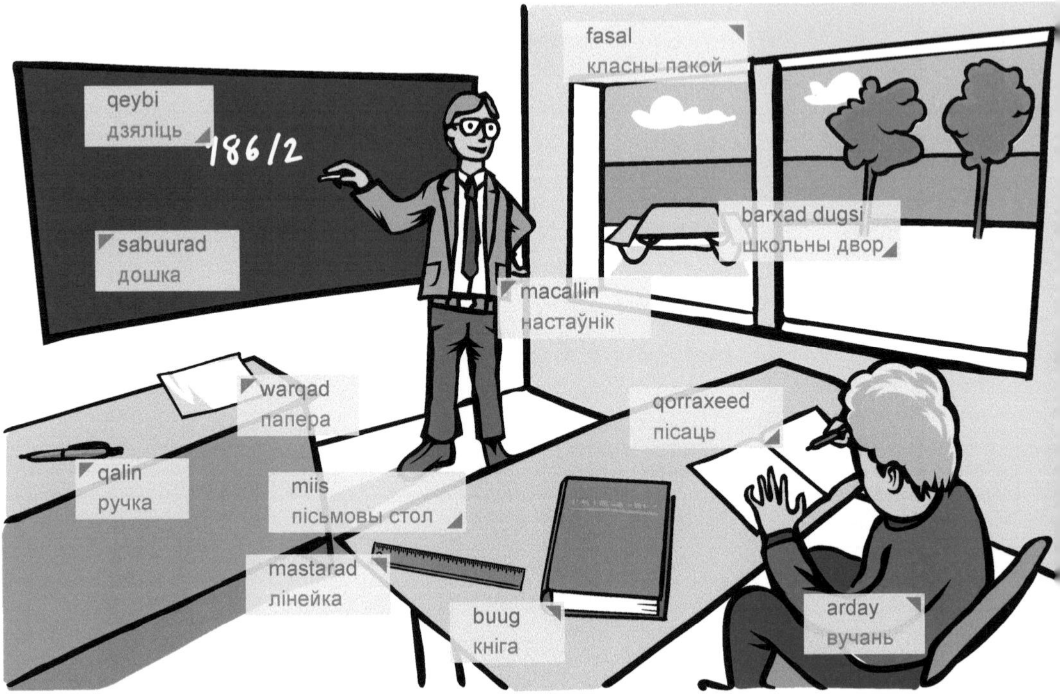

fasal
класны пакой
qeybi
дзяліць
186/2
sabuurad
дошка
barxad dugsi
школьны двор
macallin
настаўнік
warqad
папера
qorraxeed
пісаць
qalin
ручка
miis
пісьмовы стол
mastarad
лінейка
buug
кніга
arday
вучань

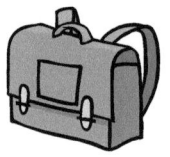

boorso

ранец

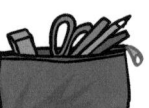

kiis qalin-qori

пенал

qalin-qori

просты аловак

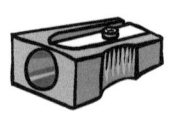

koobka qalin qor

тачылка для алоўкаў

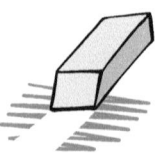

titirre

гумка

buugga sawirka

альбом для малявання

sawirid

малюнак

burushka midabaynta

пэндзлік

gasaca midabaynta

фарбы

maqasyo

нажніцы

koollo

клей

buug qoraal

сшытак

shaqo-guri

хатняе заданне

lambar

лік

ku dar

дадаваць

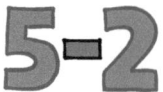

ka jar

адымаць

ku dhufo

множыць

xisaabi

лічыць

warqad

літара

alifbeeto

алфавіт

erey

слова

qoraal

тэкст

akhri

чытаць

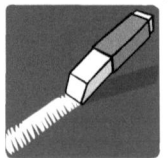

jeesto

крэйда

cahsar

ўрок

diiwaan

класны журнал

imtixaan

экзамен

shahaado

атэстат

direes dugsi

школьная форма

waxbarasho

адукацыя

diwaan mowduuceed

энцыклапедыя

jaamacad

універсітэт

mayskariskoob

мікраскоп

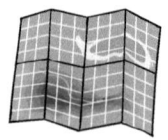

khariidad

карта

haan qashin-gur

смеццевы кошык

safar

падарожжа

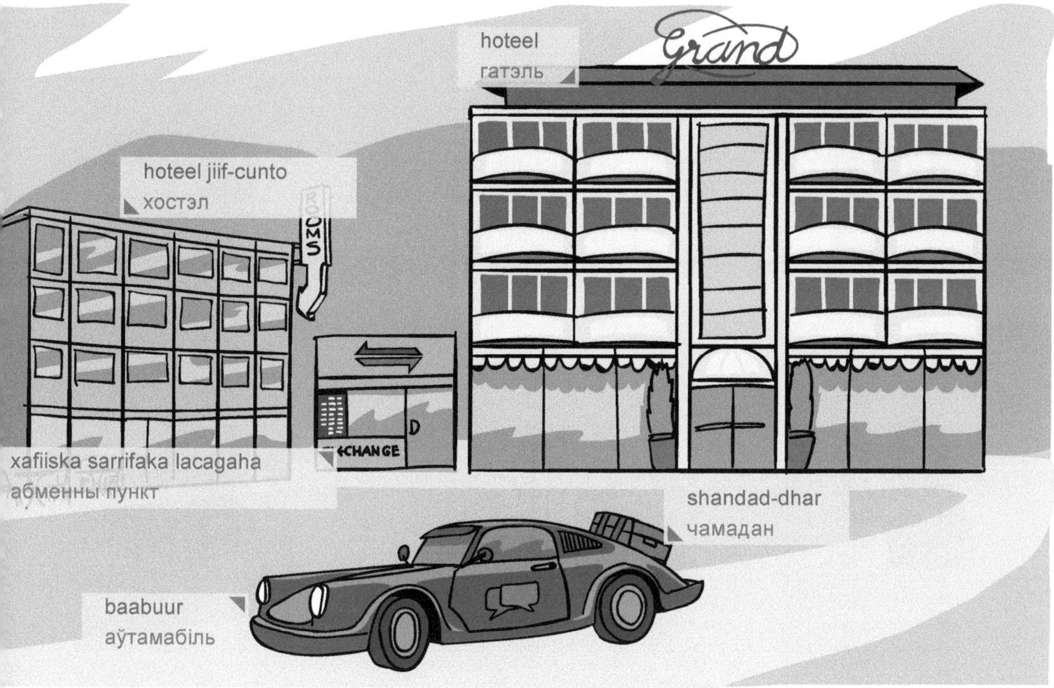
hoteel
гатэль
Grand
hoteel jiif-cunto
хостэл
ROOMS
xafiiska sarrifaka lacagaha
абменны пункт
CHANGE
shandad-dhar
чамадан
baabuur
аўтамабіль

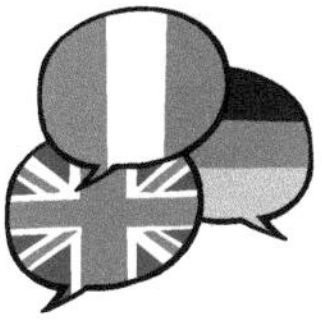

luuqad

мова

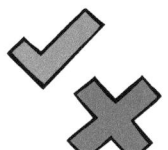

haa / maya

так / не

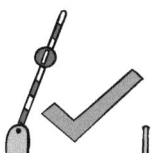

Hagaag

добра

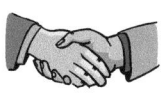

nabad miyaa

прывітанне!

turjumaan

перакладчык

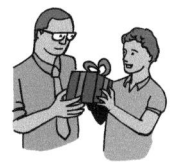

Waad mahadsan tahay

дзякуй

waa immisa…?

Колькі каштуе….?

ma aanan fahamin

я не разумею

dhibaato

праблема

galab wanaagsan!

Добры вечар!

subax wanaagsan!

Добрай раніцы!

habeen wanaagsan!

Дабранач!

nabad gelyo

да пабачэння

jiho

кірунак

alaabo

багаж

boorso

сумка

boorso-dhabar

заплечнік

marti

госць

qol

пакой

katiifad

спальны мяшок

teendho

палатка

xog dalxiis

інфармацыя для турыстаў

xeebta

пляж

kaar amaah

крэдытная картка

quraac

снеданне

qado

абед

casho

вячэра

rasiid

праязны білет

wiish

ліфт

tiimbare

паштовая марка

xuduud

мяжа

qeybta-canshuur-bixinta

мытня

safaarad

пасольства

dal ku gal

віза

baasaboor

пашпарт

gaadiid
транспарт

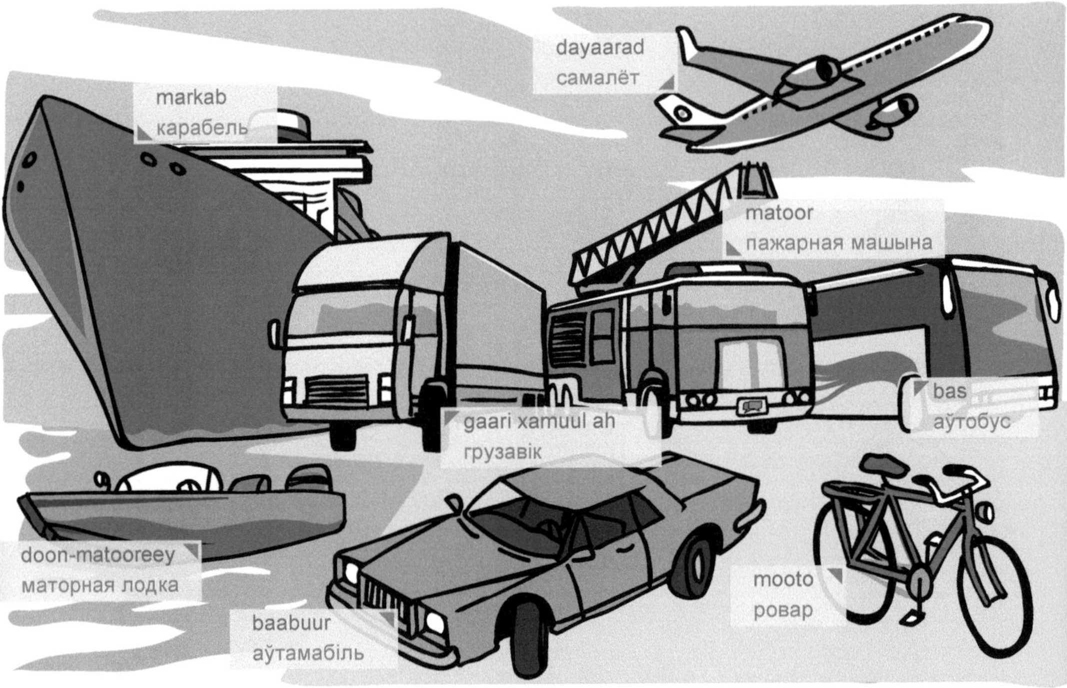
dayaarad
самалёт
markab
карабель
matoor
пажарная машына
bas
аўтобус
gaari xamuul ah
грузавік
doon-matooreey
маторная лодка
mooto
ровар
baabuur
аўтамабіль

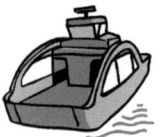

doon

парoм

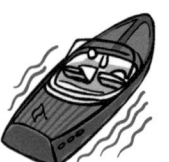

doonnida

лодка

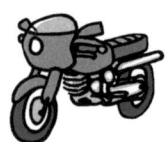

mooto

матацыкл

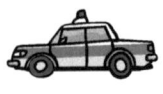

baabuur booliis

паліцэйская машына

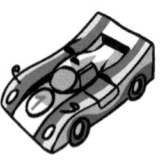

baabuur baratan

гоначны аўтамабіль

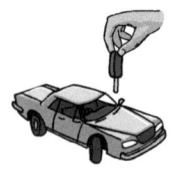

baabuur la-kiraysto

арэндаваны аўтамабіль

gaadiid-wadaag

сумеснае карыстанне
аўтамабілем

wiishle

эвакуатар

gaari qashin-gure

смеццявоз

matoor

матор

shidaal

паліва

ajib

запраўка

calaamad taraafiko

дарожны знак

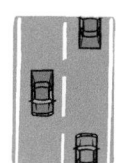

taraafiko

дарожны рух

jaam baabuur

затор

baarkin-baabuur

паркоўка

boosteejo tareen

чыгуначная станцыя

waddo-tareen

рэйкі

tareen

цягнік

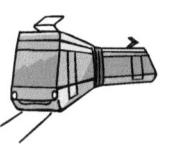

taraam

трамвай

gaari faras

вагон

helikobtar

верталёт

garoonka dayuuradaha

аэрапорт

manaarad

вежа

rakaab

пасажыр

weel

кантэйнер

kartoon

кардонная скрыня

gaari faras

тачка

dambiil

карзіна

kicid / degis

ўзлятаць / прызямляцца

magaalo

горад

tuulo

вёска

faras magaale

цэнтр горада

guri

дом

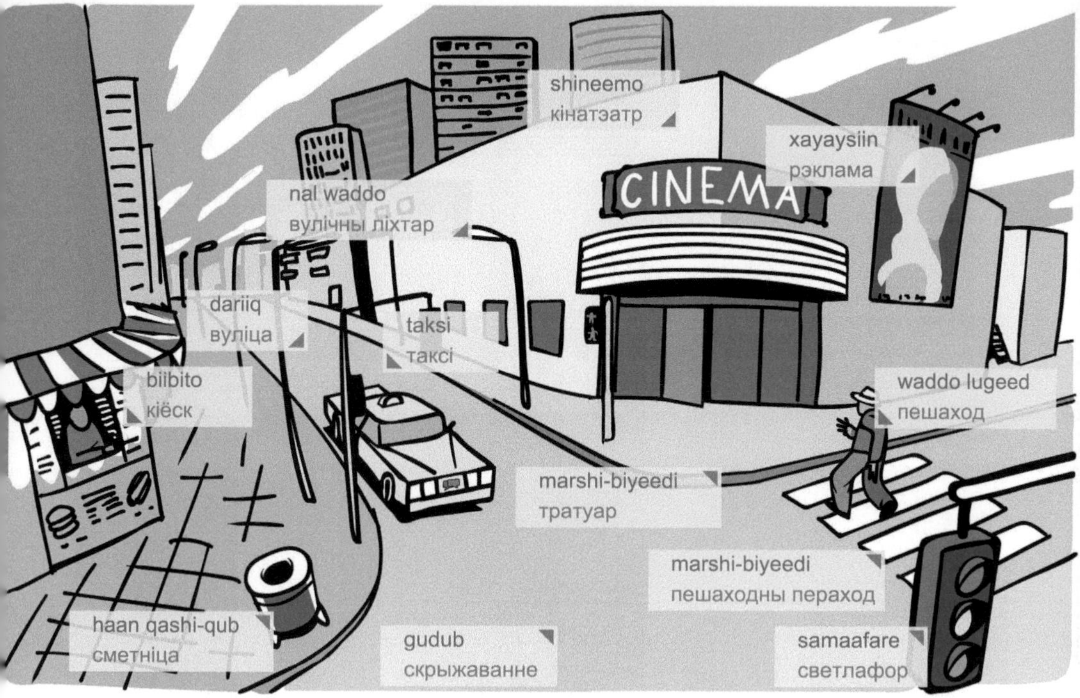

shineemo
кінатэатр

xayaysiin
рэклама

nal waddo
вулічны ліхтар

dariiq
вуліца

taksi
таксі

biibito
кіёск

waddo lugeed
пешаход

marshi-biyeedi
тратуар

marshi-biyeedi
пешаходны пераход

haan qashi-qub
сметніца

gudub
скрыжаванне

samaafare
светлафор

mundul

халупа

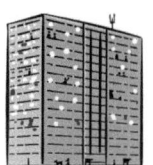

dabaq

кватэра

boosteejo tareen

чыгуначная станцыя

xarunta dowladda-hoose

ратуша

matxaf

музей

dugsi

школа

jaamacad

універсітэт

bangi

банк

isbitaal

шпіталь

hoteel

гатэль

farmasi

аптэка

xafiis

офіс

buug shoob

кнігарня

dukaan

крама

dukaan ubax

кветкавая крама

carwo

супермаркет

suuq

кірмаш

suuq weyne

універмаг

kalluun-iibshe

рыбная крама

suuq

гандлевы цэнтр

furdo

порт

jardiino

парк

kursi

лава

buundo

мост

jaraanjaro

лесвіца

waddo-tareen-hoosaad

метро

waddo-dhul hoose

тунэль

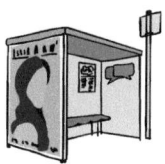

boosteejo

прыпынак

baar

бар

makhaayad

рэстаран

sanduuq boosto

паштовая скрыня

calaamad waddo

вулічны паказальнік

joogid-cabbire

паркамат

beer-xayawaan

заапарк

barkad dabbaalasho

басейн

masaajid

мячэць

beer

сядзіба

naqas

забруджванне
навакольнага асяроддзя

qabuuro

могілкі

kaniisad

царква

garoon

пляцоўка для гульні

macbad

храм

muqaal-dhireed

краявід

caleen
ліст

calaamad-waddo
паказальнік

waddo
дарога

seere
луг

dhagax
камень

geed
дрэва

buur korre
падарожнік

webi
рака

caws
трава

ubax
кветка

dooxo

даліна

buur

гара

laag

возера

kayn

лес

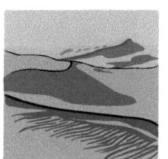

saxare

пустыня

foolkaano

вулкан

qasri

замак

qaanso-roobaad

вясёлка

barkin-waraabe

грыб

geed timireed

пальма

kaneeco

камар

duqsi

муха

qoraanjo

мурашка

shinni

пчала

caaro

павук

dameer-duudeey

жук

rah

жаба

dabagaalle

вавёрка

kashiito

вожык

dabagaalle

заяц

guumeys

сава

shimbir

птушка

boolo-boolo

лебедзь

doofaar-jilibeey

дзік

deero

алень

faras-duur

лось

biyo-xireen

плаціна

tamar-dhaliye

вятрак

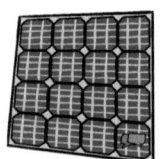

soollar

сонечная батарэя

cimilo

клімат

makhaayad
рэстаран

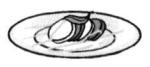

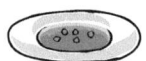

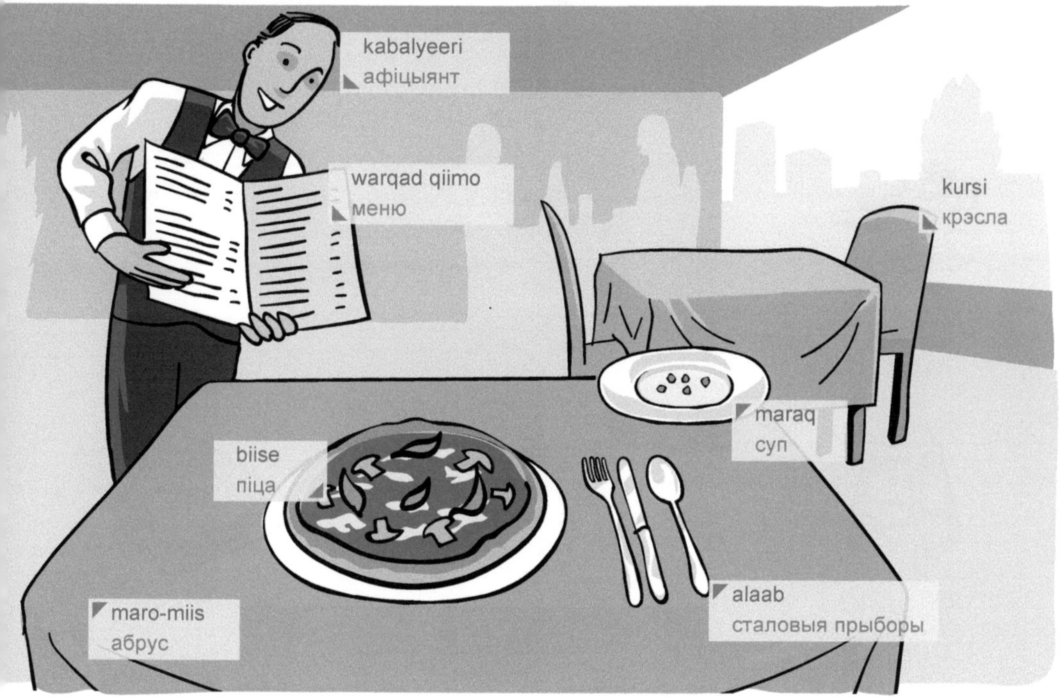
kabalyeeri
афіцыянт
warqad qiimo
меню
kursi
крэсла
maraq
суп
biise
піца
alaab
сталовыя прыборы
maro-miis
абрус

af-billow

закуска

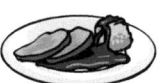

cunto bariimo

другая страва

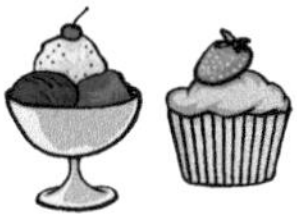

macmacaan

дэсерт

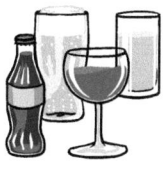

cabitaan

напоі

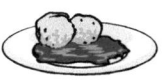

cunto

ежа

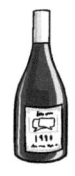

dhalo

бутэлька

cunto diyaarsan

хуткае харчаванне (фаст-фуд)

cunto-waddo

стрыт-фуд

jalmad shaah

імбрык (чайнік)

weelka sonkorta

цукарніца

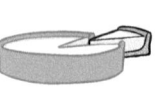

qayb

порцыя

mashiinka isbareesada

эспрэса-машына

kursi dheer

дзіцячае крэселка

biil

рахунак

tereey

паднос

mindi

нож

fargeeto

відэлец

qaaddo

лыжка

malqacad-shaah

чайная лыжка

shukumaan miis

сурвэтка

galaas

шклянка

saxan

талерка

saxanka maraqa

супавая талерка

saxan

сподак

suugo

соус

weelka cusbada

сальніца

basbaas shiide

млынок для перцу

fixiye

воцат

saliid

алей

dhandhanaan

спецыі

suugo

кетчуп

mastaard

гарчыца

mayoonees

маянэз

carwo

супермаркет

qiima dhimis qaas ah
акцыя
FOR
macmiil
пакупнік
caano
малочныя прадукты
miro
садавіна
gaariga adeega
вазок

BUTCHERS

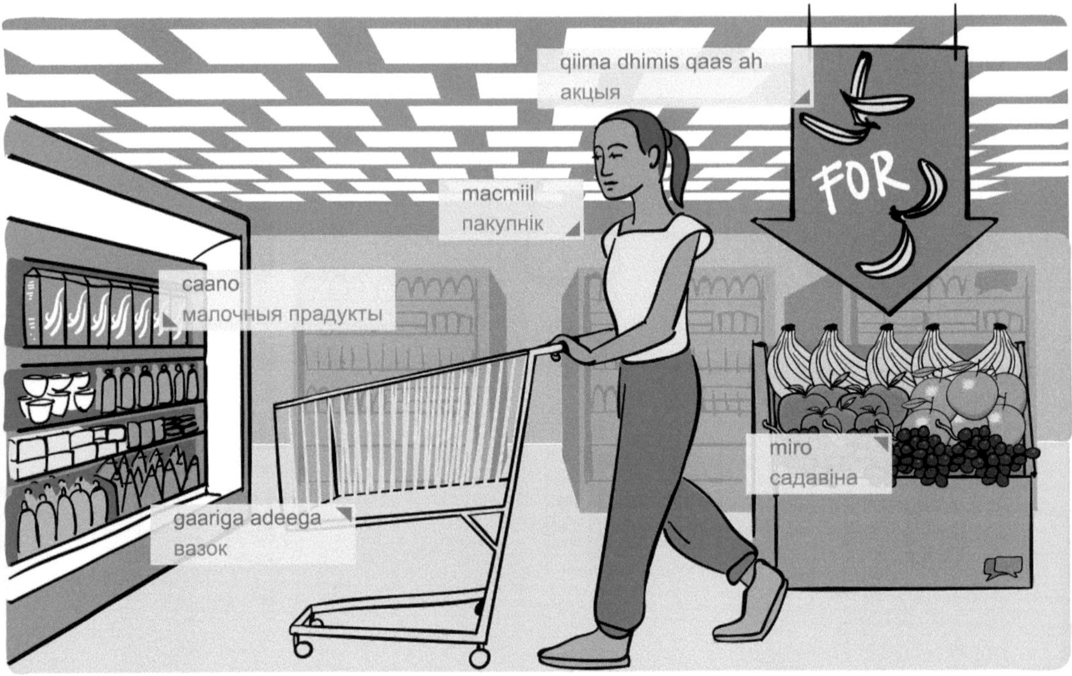

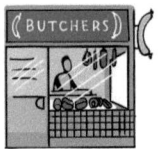

kawaan

мясная крама

BAKERY

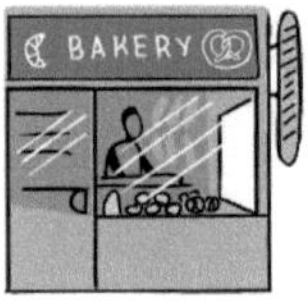

foorno

хлебны магазін

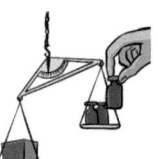

cabbir

важыць

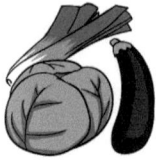

khudaar

гароднiна

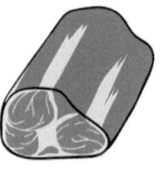

hilib

мяса

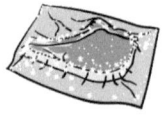

cunto la qaboojiyay

свежазамарожаныя прадукты

hilibka qadada

нарэзка

cunto gasacadeysan

кансервы

oomo

пральны парашок

macmacaan

прысмакі

alaabada guri

хатнія прылады

alaabo nadaafad

чысцячы сродак

iibshe

прадавец

diiwaan lacagta

каса

qasnaji

касір

liis adeeg

спіс пакупак

saacadaha shaqo

гадзіны працы

shandada jeebka

бумажнік

kaar amaah

крэдытная картка

bac

сумка

bac

пакет

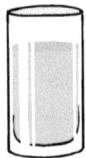

biyo

вада

casiir

сок

caano

малако

kooka-kola

кола

khamri

віно

biir

піва

khamri

алкаголь

kooke

какава

shaah

гарбата (чай)

kafee

кава

isberesso

эспрэса

koobishiin

капучына

muus

банан

tufaax

яблык

liin-bambeelmo

апельсін

qare

дыня

liin

лімон

karooto

морква

toon

часнок

baambuu

бамбук

basal

цыбуля

barkin-waraabe

грыб

loos

арэхі

baasto

локшына

baasto

спагеці

bariis

рыс

jibsi

бульба фры

baradho shiilan

смажаная бульба

biise

піца

haambeegar

гамбургер

saanwij

бутэрброд

hilib-jiir

шніцаль

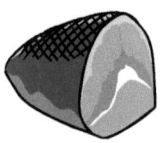

hilib-doofaar

вяндліна

salami

салямі

sooseej

каўбаса

hilib-digaag

курыца

duban

смажаніна

kalluun

рыбак

salar

салата

sareenta mashaarida

аўсяныя камякі

quraac isku-dhafan

мюслі

daango

кукурузныя шматкі

bur

мука

nooc rooti ah

круасан

rooti

булачка

rooti

хлеб

rooti-la-kulluleeyey

тост

buskud

пячэнне

subag

масла

hanti

тварог

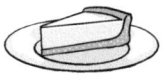

doolsho

пірог

ukun

яйка

ukun shiilan

яечня

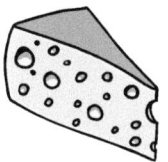

burcad

сыр

jalaato

марожанае

sonkor

цукар

malab

мёд

malmalaado

варэнне

labeen macmacaan

нуга

suugo

кары

beer
сядзіба

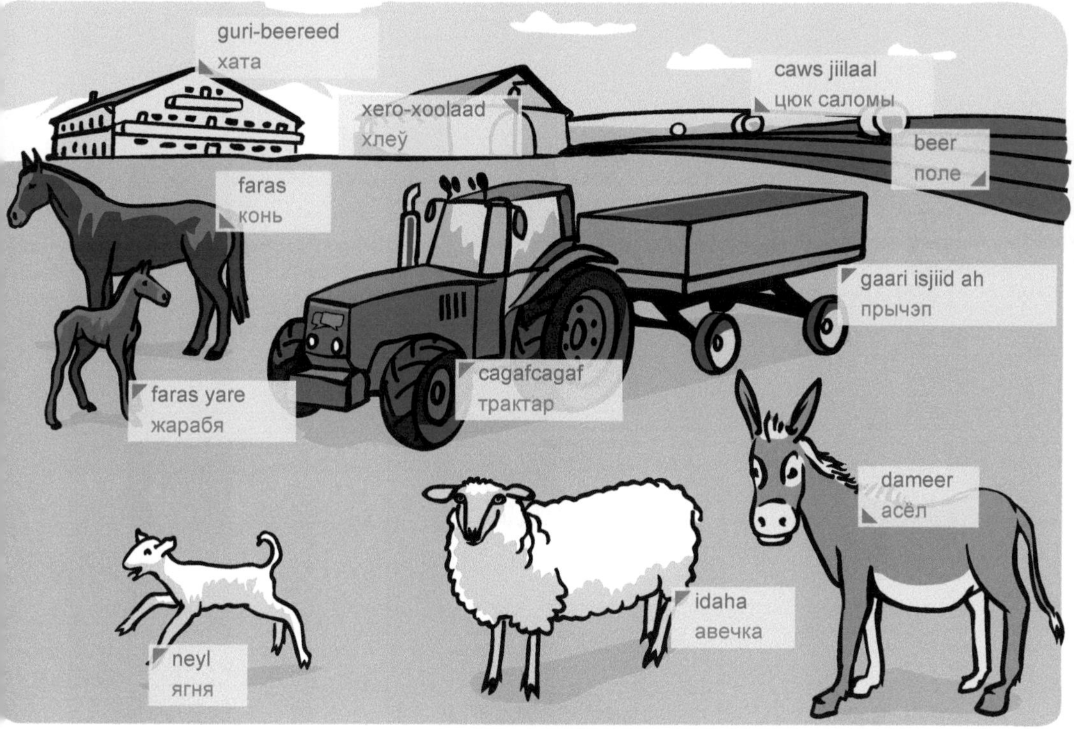
guri-beereed
хата
caws jiilaal
цюк саломы
xero-xoolaad
хлеў
beer
поле
faras
конь
gaari isjiid ah
прычэп
cagafcagaf
трактар
faras yare
жарабя
dameer
асёл
idaha
авечка
neyl
ягня

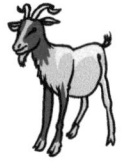

ri'

каза

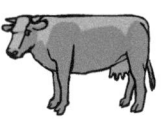

sac

карова

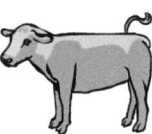

weyl

цяля

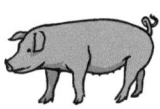

doofaar

свіння

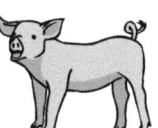

dhal doofaar

парася

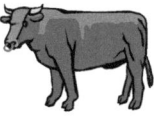

dibi

бык

bawaato lab

гусак

bawaato

качка

jiijiile

кураня

digaag

курыца

diiq

певень

doolli

пацук

bisad

кот

jiir

мыш

dibi

вол

eey

сабака

hoyga eeyga

сабачая будка

tuubbo waraab

садовы шланг

sakeelka waraabinta

палівачка

gudin

каса

carro-roge

плуг

gudin

серп

yaambo

матыка

fargeeto caws-beereed

вілы для гною

faas

сякера

gaari -gacan

тачка

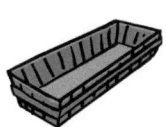

dar

карыта

dhalada caanaha

бітон для малака

jawaan

мех

deer

плот

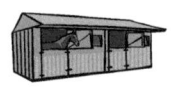

xero xooleed

хлеў

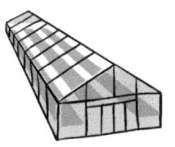

gur-biqlin-dhireed

цяпліца

ciidda

глеба

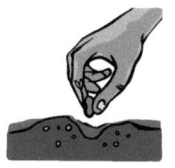

abuuka

насенне

bacrimiye

угнаенне

cagafta beer-goynta

камбайн

beer-goyn

збіраць ураджай

beer-gooyn

ураджай

moxog

ямс

sarreen

пшаніца

soya

соя

baradho

бульба

galley

кукуруза

geed-saliideed

рапс

geed mirood

садовае дрэва

moxog

маніёк

firiley

збожжа

guri

дом

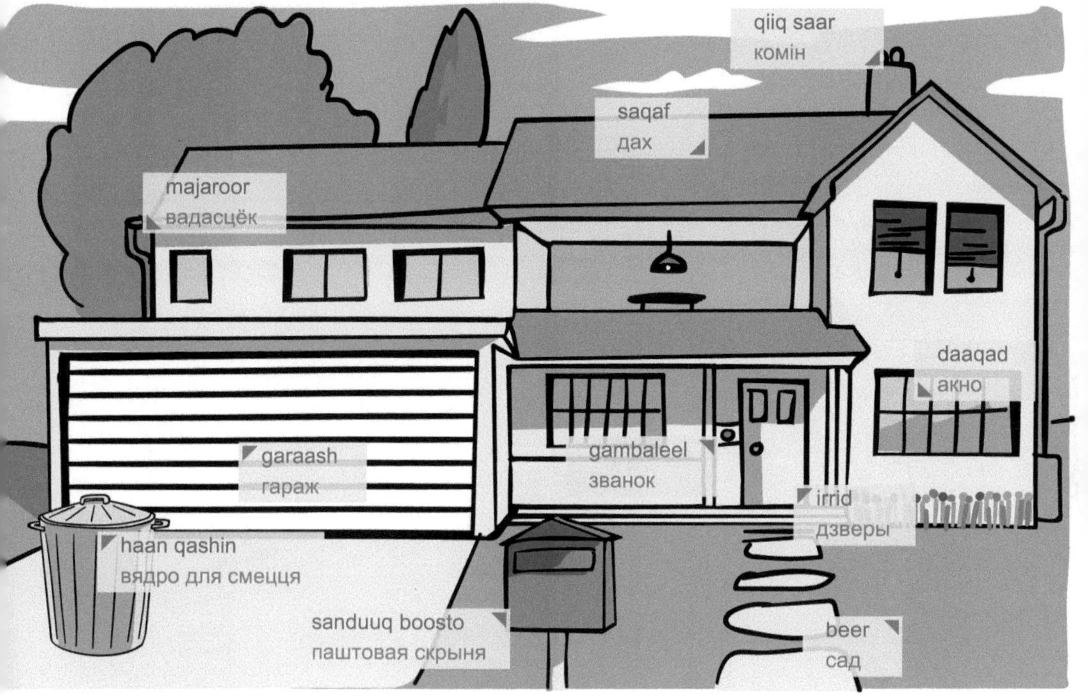
qiiq saar
комін
saqaf
дах
majaroor
вадасцёк
daaqad
акно
garaash
гараж
gambaleel
званок
irrid
дзверы
haan qashin
вядро для смецця
sanduuq boosto
паштовая скрыня
beer
сад

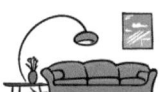

qol jiib

жылы пакой

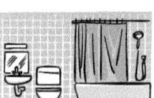

musqul-qubeys

ванная

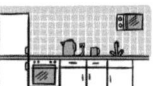

jiko

кухня

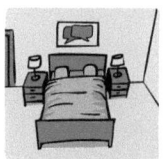

qolka jiifka

спальны пакой

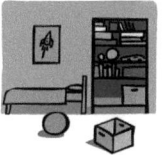

qolka ilmaha

дзіцячы пакой

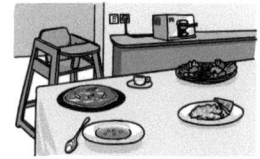

qolka cuntada

сталоўка

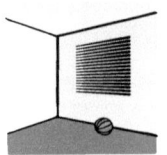

sagxad

падлога

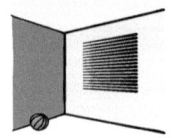

derbi

сцяна

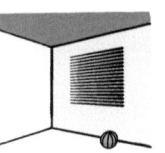

saqaf

столь

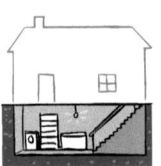

makhaasiin

падвал

soona

саўна

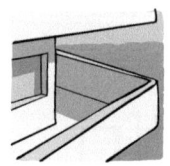

balakoon

балкон

daarad

тэраса

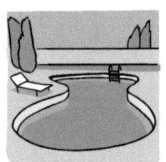

barkad

басейн

caws-jare

касілка

buste

падкоўдранік

go'

коўдра

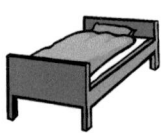

sariir

ложак

xaaqin

венік

baaldi

вядро

daare-damiye

выключальнік

qol jiib

жылы пакой

sharaaxd-derbi
шпалеры
sawir
малюнак
feynuus
лямпа
qaanad
паліца
armaajo
шафа
telefiishan
тэлевізар
dab-shid
камін
ubax
кветка
barkin
падушка
fadhi-carbeed
канапа
dheri-ubax
ваза
rimuud
пульт

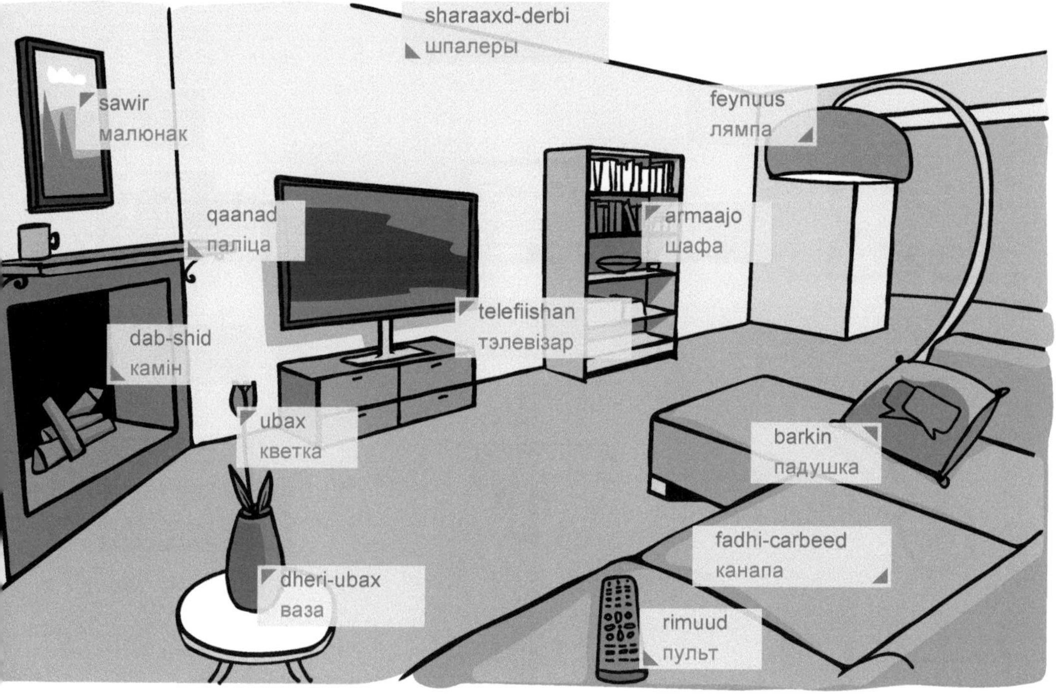

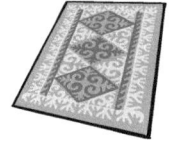

roog
дыван

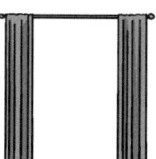

daah
фіранка

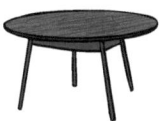

miis
стол

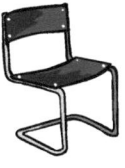

kursi
крэсла

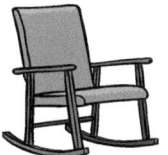

kursi wareega
крэсла-качалка

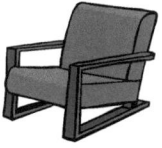

kursi fadhi
крэсла

buug

кніга

buste

коўдра

qurxin

дэкарацыя

xaabo

дровы

filin

кіно

cod-baahiye

стэрэасістэма

fure

ключ

wargeys

газета

rinjiyeyn

карціна

tabeelo

постар

raadiye

радыё

xusuus-qor

нататнік

huufar

пыласос

tiitiin

кактус

shumac

свечка

jiko

кухня

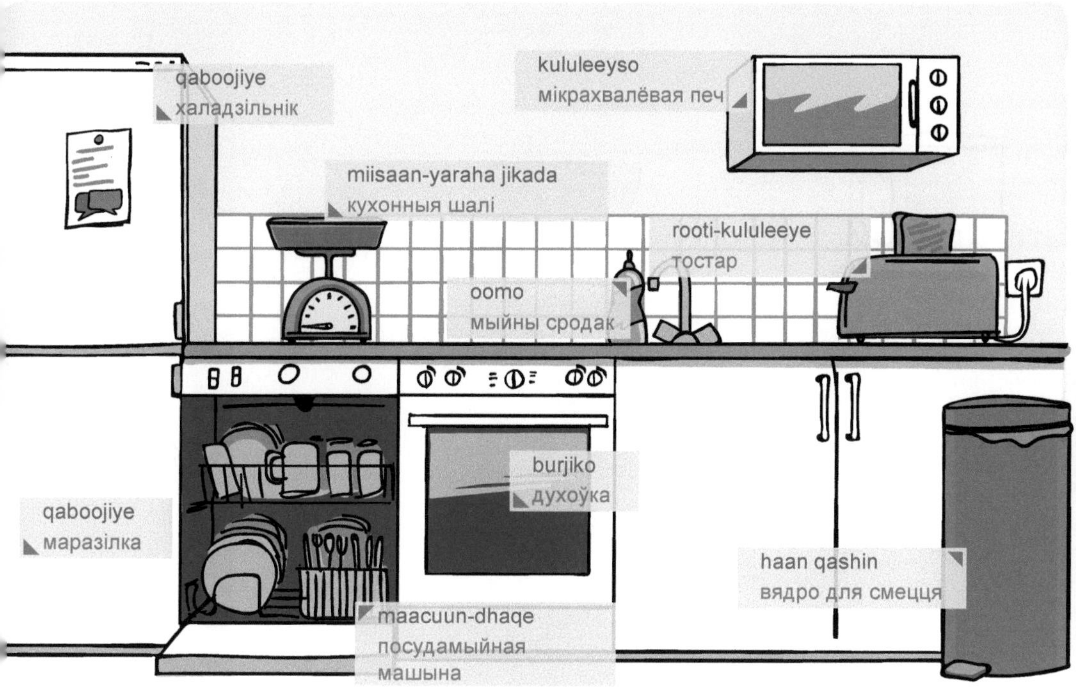

qaboojiye
халадзільнік
kululeeyso
мікрахвалёвая печ
miisaan-yaraha jikada
кухонныя шалі
rooti-kululeeye
тостар
oomo
мыйны сродак
burjiko
духоўка
qaboojiye
маразілка
haan qashin
вядро для смецця
maacuun-dhaqe
посудамыйная машына

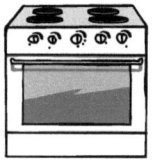

kuuker

пліта

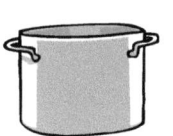

dheri

рондаль

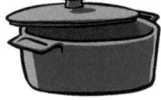

birtaawo

чыгунок

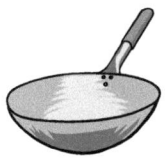

birtaawo

Вок / кадаі

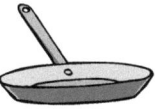

birtaawo

патэльня

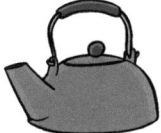

kirli

чайнік

uumiye

параварка

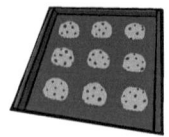

saxaarad dubista

бляха

maacuun

посуд

bakeeri

кубак

baaquli

міска

qoryo wax lagu cuno

палачкі для ежы

malqacad

чарпак

qaado

лапатачка

folow

збівалка

miire

сіта для варэння

shashaq

сіта

qudaar-jare

тарка

mooye

ступка

hilib-sol

грыль

dab

вогнішча

alwaaxa wax-jar-jarka

дошка

ul jabaati

качалка

guf-saare

штопар

gasac

бляшанка

gasac-fure

адкрывалка

istaraasho-jiko

прыхваткі

saxanka-alaab-dhaqa

ракавіна

caday

шчотка

isbuunyo

губка

shiide

міксер

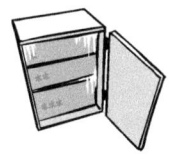

qaabojin qoto-dheer

маразільная камера

masaasad

бутэлечка

tuubbo

вадаправодны кран

musqul-qubeys

ванная

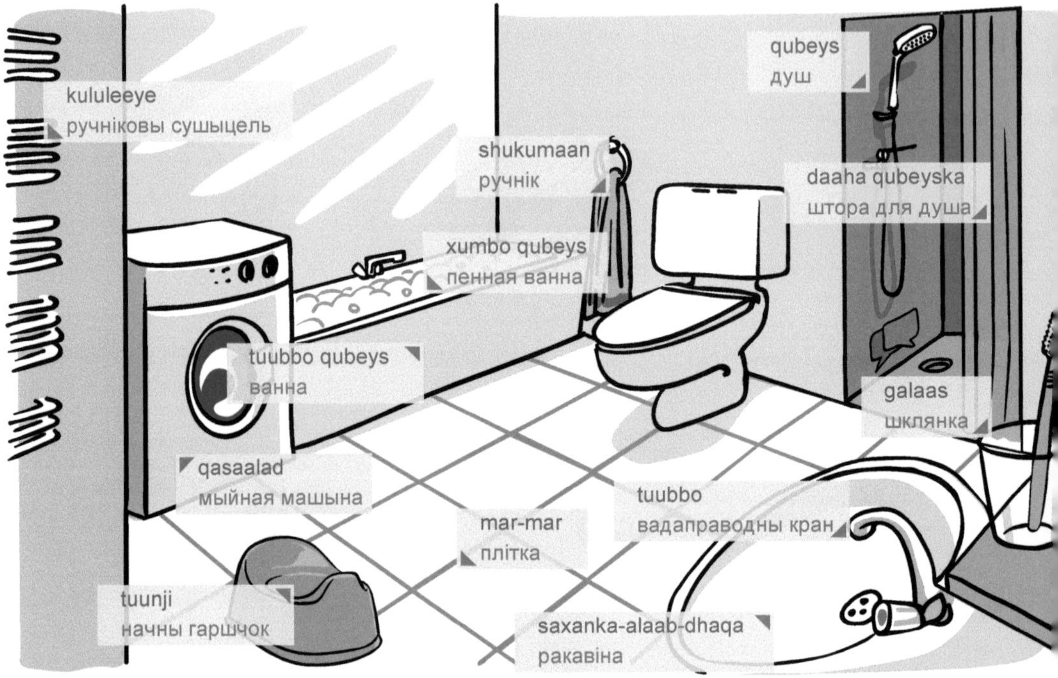

qubeys
душ
kululeeye
ручніковы сушыцель
shukumaan
ручнік
daaha qubeyska
штора для душа
xumbo qubeys
пенная ванна
tuubbo qubeys
ванна
galaas
шклянка
qasaalad
мыйная машына
tuubbo
вадаправодны кран
mar-mar
плітка
tuunji
начны гаршчок
saxanka-alaab-dhaqa
ракавіна

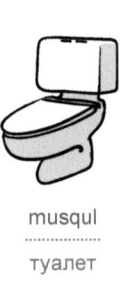

musqul

туалет

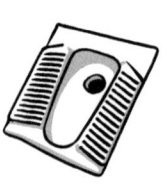

musqusha fadhiga

падлогавы ўнітаз

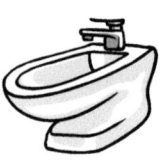

siin

бідэ

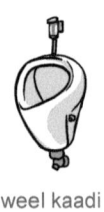

weel kaadi

пісуар

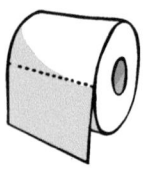

tiish musqul

туалетная папера

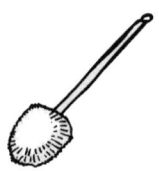

burushka musqusha

шчотка для чысткі ўнітаза

caday

зубная шчотка

daawo caday

зубная паста

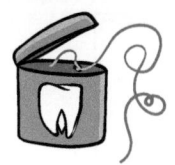

dunta ilka farashada

зубная нітка

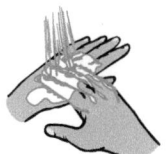

dhaq

мыць

gacan qubeys

ручны душ

tuubo-musqul

інтымны душ

beeshin

умывальнік

burush-qubeys

шчотка для спіны

saabuun

мыла

shaambo

гель для душа

shaambo

шампунь

cago-saar

вяхотка

biyo-saare

вадасцёк

kareem

крэм

carfiso

дэзадарант

musqul-qubeys - ванная   39

muraayad

люстэрка

muraayad gacmeed

касметычнае люстэрка

sakiin

станок для галення

xumbada xiirashada

пена для галення

daawo gar-xiir

ласьён пасля галення

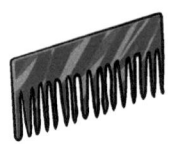

shanlo

грэбень

burush

шчотка

fooneeye

фен

timo-buufis

лак для валасоў

waji-qurxiye

касметыка

rooseeto

памада

cidiyo-nadiifiye

лак для пазногцяў

dun

вата

cidiyo-jar

манікюрныя нажніцы

baarafuun

духі

boorso-wajidhaq

касметычка

saxaro

табурэтка

miisaan culays

вагі

dhar-qubeys

лазневы халат

gacma gashi cinjir

санітарныя пальчаткі

tambooni

тампон

tiimshe

гігіенічныя пракладкі

musqul kiimiko

біятуалет

qolka ilmaha

дзіцячы пакой

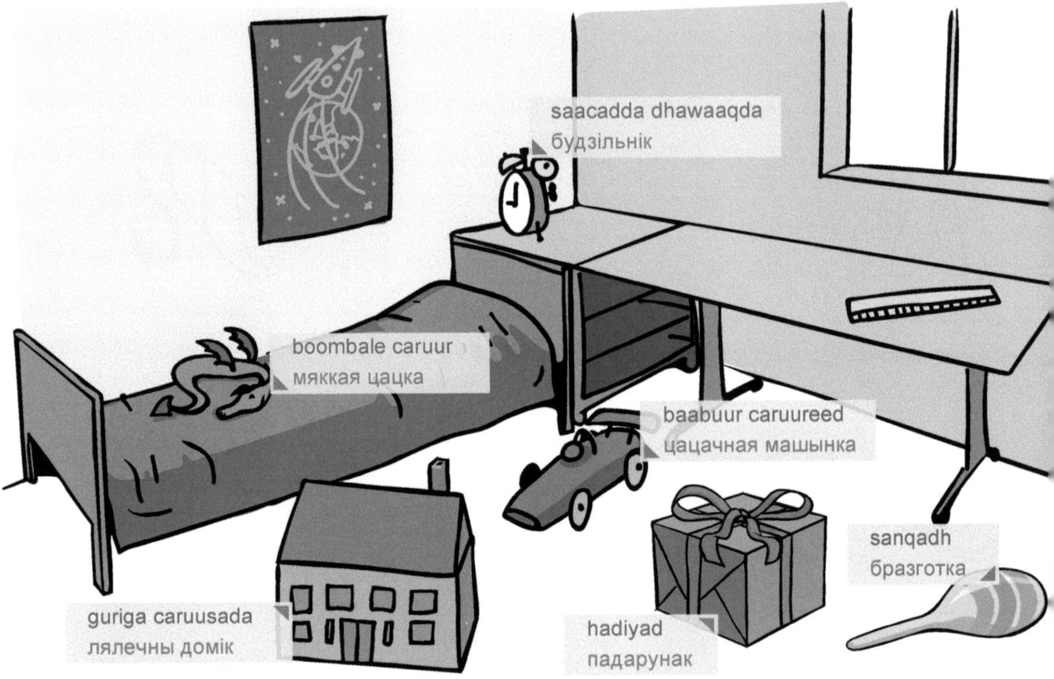

saacadda dhawaaqda
будзільнік
boombale caruur
мяккая цацка
baabuur caruureed
цацачная машынка
sanqadh
бразготка
guriga caruusada
лялечны домік
hadiyad
падарунак

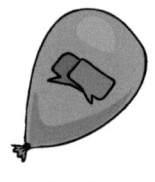

buufin
надзіманы шарык

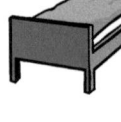

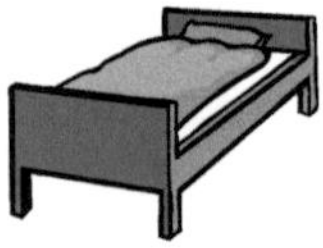

sariir
ложак

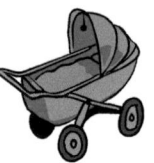

gaariga caruurta
дзіцячая каляска

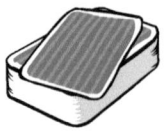

turub
калода картаў

miinshaar
пазл

SUPER MEGA

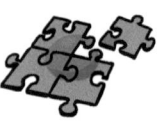

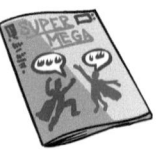

maad
комікс

bulkeeti boombale ah

канструктар "Лега"

tooy

канструктар

sanam

экшэн-фігурка

isku-jooga dhallaanka

дзіцячы гарнітур

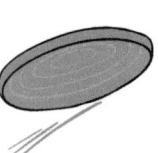

aalad cayaar

фрызбі

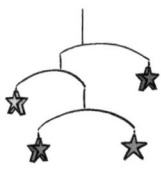

moobaayl

дзіцячы мабіль

khamaar

настольная гульня

laadhuu

кубік

moodo tareen

дзіцячая чыгунка

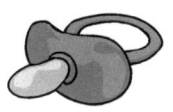

boombale

пустышка

xaflad

дзіцячае свята

buug sawirro

кніга з малюнкамі

kubbad

мячык

boombale

лялька

cayaar

гуляцца

dhoobo-dhoobeey

пясочніца

wiifoow

арэлі

alaab-alaabeey

цацкі

geemka gacanta laga hago

гульнявая відэа прыстаўка

baaskiil

трохколавы ровар

boombale

плюшавы мішка

armaajo dhar

шафа

dhar

адзенне

sigisaan

шкарпэткі

sigsaan haween

панчохі

surwaal-dhuuqsan

калготкі

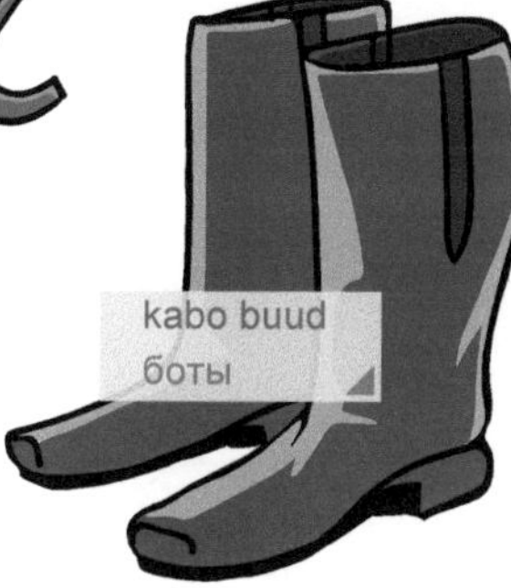

masar
шалік

dallad
парасон

suun
рамень

funaanad
цішотка

kabo buud
боты

dacas
пантоплі

kabo tababar
красоўкі

saandalo
....
сандалі

kabo
....
абутак

kabo roob
....
гумовыя боты

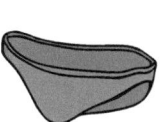

hoos-gashi
....
трусы

rajabeeto
....
бюстгальтар

garan
....
майка

jir

бодзі

surwaal

штаны

surwaal jeenis

джынсы

goono

спадніца

canbuur

блузка

shaati

кашуля

funaanad-dhaxameed

джэмпер

garan dhaxameed

талстоўка

jaakad fudud

блэйзер

jaakad

куртка

koodh

паліто

koodhka roobka

дажджавік

dhar-munaasabadeed

касцюм

labbis

сукенка

lebbis aroos

вясельная сукенка

dhar - адзенне

suut

касцюм

dhar-hurdo

начная сарочка

bajaamo

піжама

saari

сары

masar

хустка

cimaamad

цюрбан

cabaayad

паранджа

saako

каптан

cabaayad

Абая

dharka-dabaasha

купальнік

dabo-gaabyo

плаўкі

surwaal-dabagaab

шорты

taraak-suut

спартыўны касцюм

dufan-dhowr

фартух

gacmo gashi

пальчаткі

galluus

гузік

ookiyaale

акуляры

jijin

бранзалет

silis

каралі

faraati

кальцо

dhego dhego

завушніца

koofiyo

кепка

katabaan

вешалка

koofiyad

капялюш

garabaati

гальштук

jiinyeer

маланка

helmed

шлем

ilko-reeb

падцяжкі

direes dugsi

школьная форма

direes

уніформа

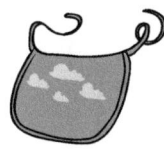

cayo-dhowr

нагруднік

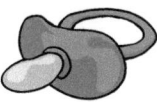

boombale

пустышка

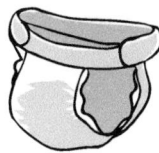

maro-dufeed

падгузнік

xafiis

офіс

khad-bixiye
сервер
armaajo feylal
канцылярская шафа
daabace
прынтэр
warqad
папера
shaashad
манітор
hage kombuyuutar
мыш
miis
пісьмовы стол
gal
тэчка
teeb-kombuyuutar
клавіятура
haan qashin-gur
смецевы кошык
kombuyuutar
кампутар
kursi
крэсла

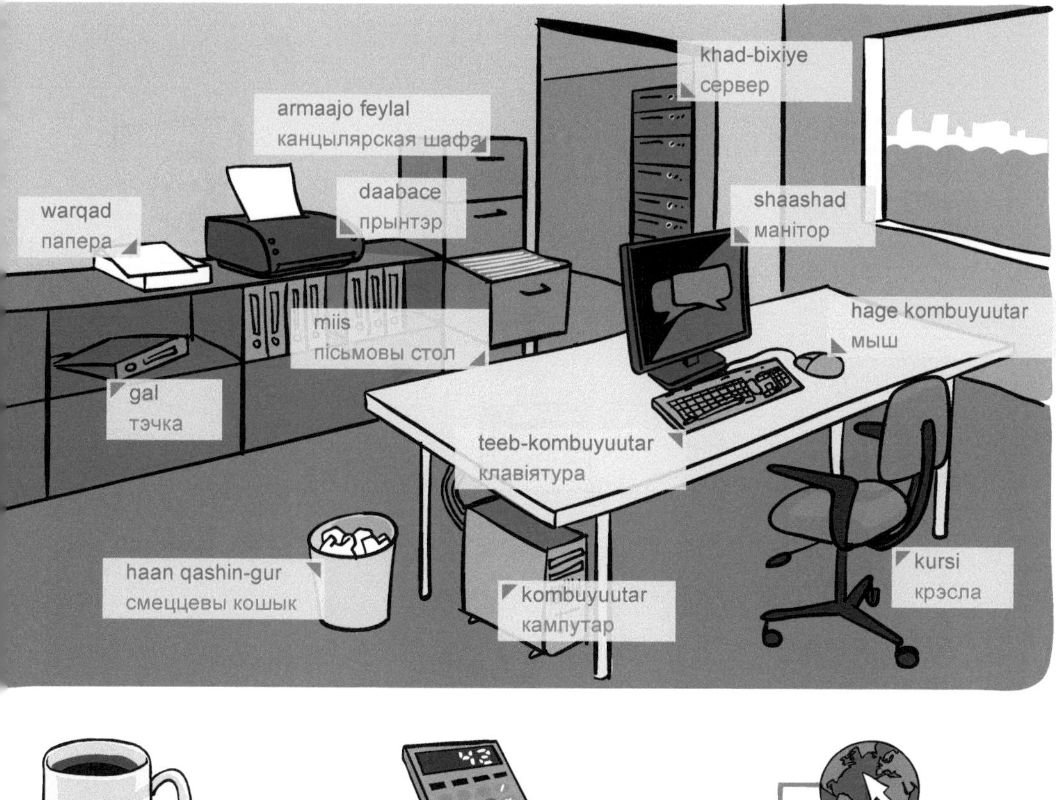

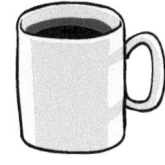

koob kafee

бак для кавы (філіжанка)

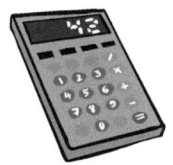

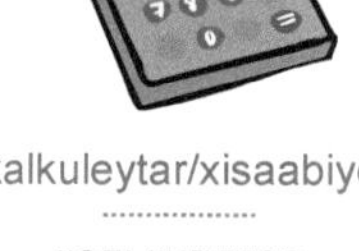

kalkuleytar/xisaabiye

калькулятар

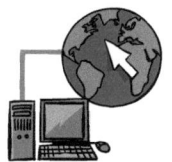

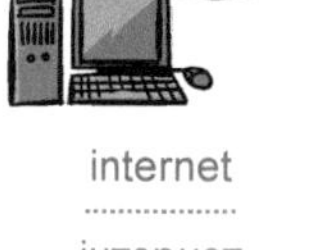

internet

інтэрнэт

laabtoob

ноўтбук

bakhshad

ліст

fariin

паведамленне

moobaayl

мабільны тэлефон

shabakad-kombuyuutar

сетка

footokoobi

ксеракс

barnaamij-kombuyuutar

праграмнае забеспячэнне

telefoon

тэлефон

god koronto

разетка

mishiinkan fax-ka

факс

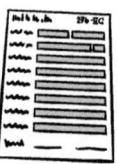

foomka

фармуляр

dokumenti

дакумент

iibso

купляць

bixi

плаціць

ganacso

гандляваць

lacag

грошы

doollar

долар

yuuro

еўра

yenka jabbaan

ена

robolka ruushka

рубель

Franka iswiiska

франк

lacagta shiinaha

кітайскі юань

rubiyada hindiga

рупія

maqal

банкамат

xafiiska sarrifaka lacagaha

абменны пункт

dahab

золата

qalin

срэбра

shidaal

нафта

tamar

энергія

qiime

цана

qandaraas

кантракт

canshuur

падатак

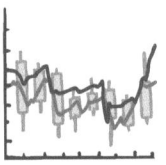

raasumaal

акцыя

shaqee

працаваць

shaqaale

служачы

shaqaaleysiiye

працадаўца

warshad

фабрыка

dukaan

крама

shaqooyin
прафесіі

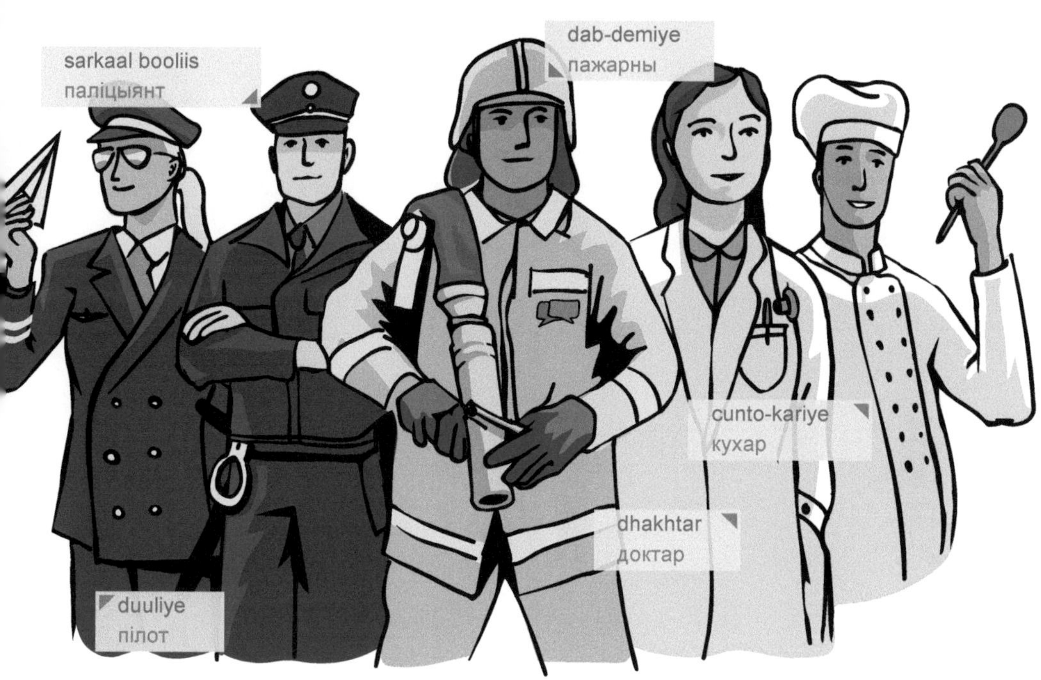
sarkaal booliis
паліцыянт
dab-demiye
пажарны
cunto-kariye
кухар
dhakhtar
доктар
duuliye
пілот

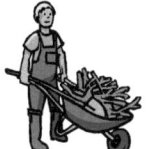

beeralley

садоўнік

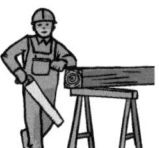

nijaar

слесар

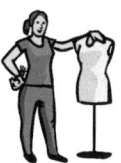

timo-qurxiso

швачка

qaaddi

суддзя

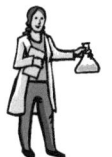

farmashiiste

хімік

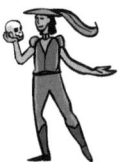

jile

артыст

darawal bas

кіроўца аўтобуса

taksiile

таксіст

kalluumeyste

рыбак

nadiifiso

прыбіральшчыца

saqaf-dhise

страхар

kabalyeeri

афіцыянт

ugaarsade

паляўнічы

rinjiile

мастак

rooti-dube

пекар

koronto-yaqaan

электрык

dhise

будаўнік

injineer

інжынер

kawaanle

мяснік

tuubbiiste

сантэхнік

boostaale

паштальён

askari

салдат

injineer-dhismo

архітэктар

qasnaji

касір

ubax-yaqaan

фларыст

timo-jare

цырульнік

kiro-uruuriye

кандуктар

makaanik

механік

kabtan

капітан

dhakhtar-ilko

стаматолаг

saaynisyahan

вучоны

wadaad yahuud

рабін

imaam

імам

xerow

манах

wadaad

святар

qalab
інструменты

biinsi
пласкагубцы
dubbe
малаток
kashawiito
адвёртка
kiyaawe
гаечны ключ
toosh
ліхтарык

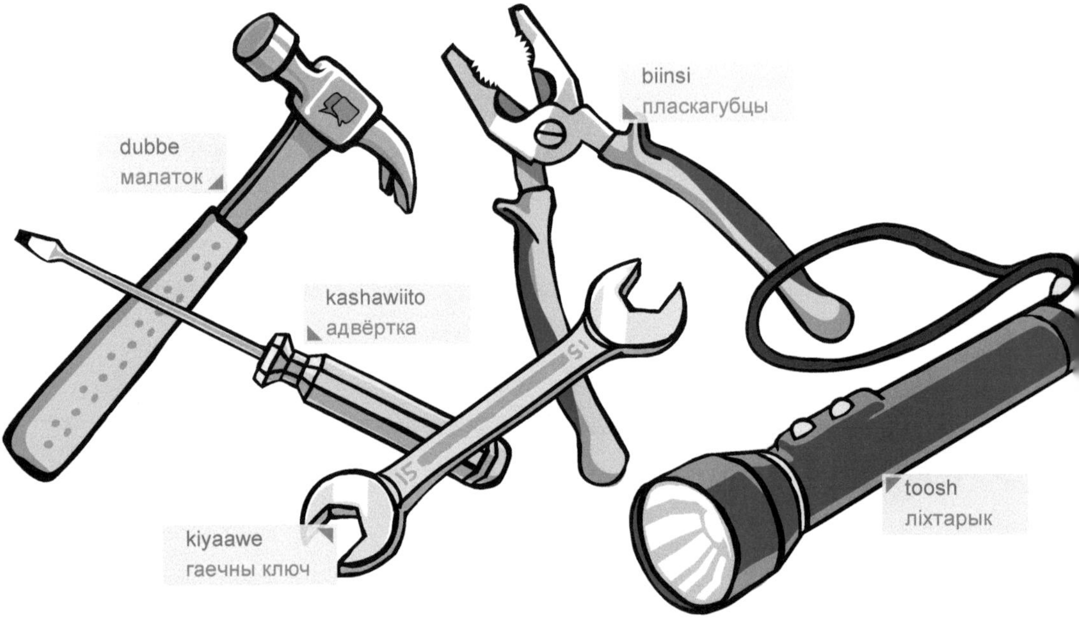

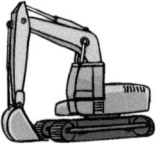

dhul-qoddo

экскаватар

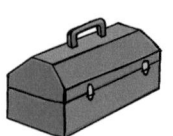

qalab-xajiye

скрыня для інструментаў

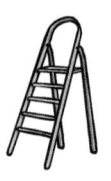

jaraanjaro

дравіны

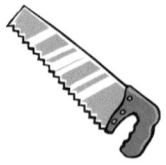

miinshaar

піла

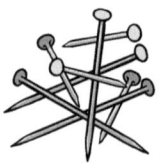

musbaarro

цвікі

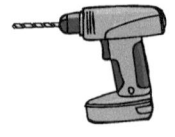

dalooliye

дрыль

dayactir
....
рамантаваць

badiil
....
рыдлеўка

inkaar kugu dhacday!
....
Халера!

bus-xaabiye
....
шуфлік для смецця

gasacad rinji
....
вядро з фарбаю

boolal
....
балты

qalab muusiko
музычныя інструменты

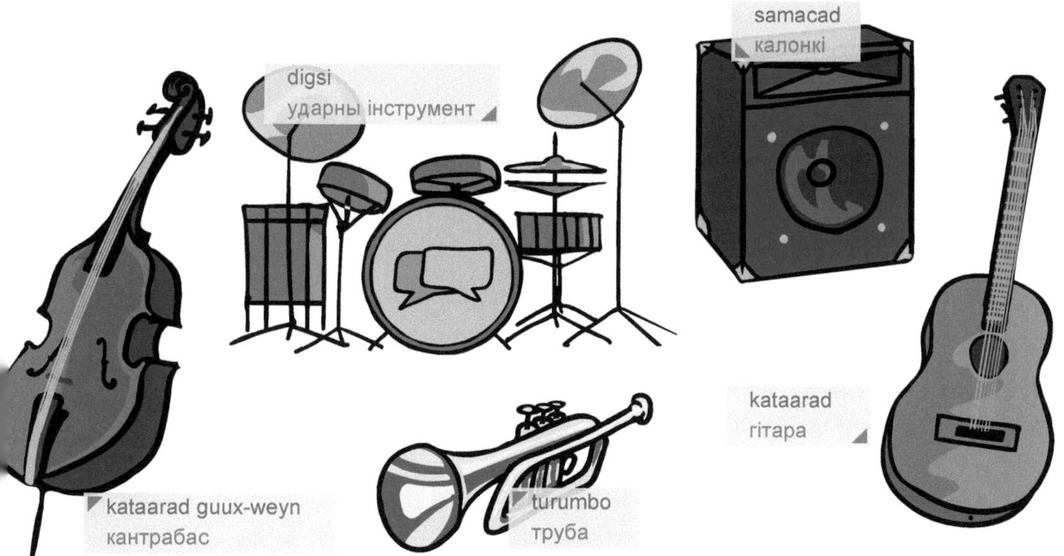

digsi
ударны інструмент

samacad
калонкі

kataarad guux-weyn
кантрабас

turumbo
труба

kataarad
гітара

biyaano

піяніна

fiyooliin

скрыпка

karaarad guux-dheer

басгітара

durbaan-sheegagle

літаўры

durbaan

барабан

loox-xarfeed-biyaano

клавішны электрамузычны інструмент

turumbo

саксафон

siin-baar

флейта

makarafoon

мікрафон

beer-xayawaan

заапарк

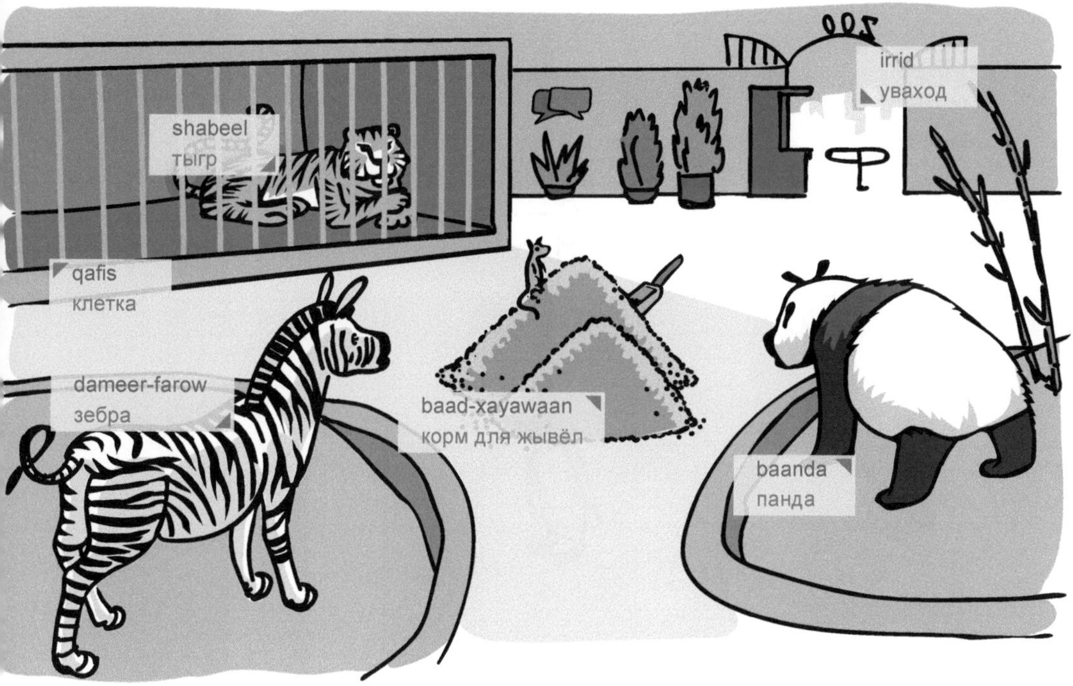

irrid
уваход
shabeel
тыгр
qafis
клетка
dameer-farow
зебра
baad-xayawaan
корм для жывёл
baanda
панда

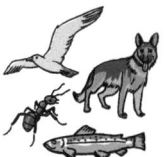

xayawaan
жывёлы

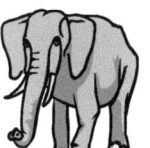

maroodi
слон

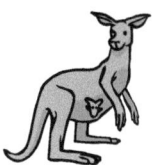

kaangaruu
кенгуру

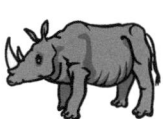

wiyil
насарог

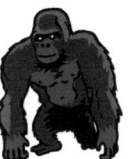

goriille
гарыла

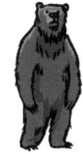

oorso
мядзведзь

geel

вярблюд

gorayo

стравус

libaax

леў

daanyeer

малпа

xiita-luga-dheer

фламінга

baqbaqaa

папугай

oorso baraf-ku-nool

белы мядзведзь

shimbir baraf

пінгвін

libaax-badeed

акула

daa'uus

паўлін

mas

змяя

yaxaas

кракадзіл

beer-xayawaan ilaaliye

наглядчык заапарка

bahal kalluun-cun

цюлень

shabeel-u-eke

ягуар

dhal faras

поні

harmacad

леапард

jeer

бегемот

geri

жыраф

gorgor

арол

doofaar-jilibeey

дзік

kalluun

рыбак

qubo

чарапаха

maroodi-badeed

морж

dawaco

ліса

deero

газель

kubadda-cagta maraykanka
амерыканскі футбол

tartanka bashkuleetiga
веласпорт

kubbadda miiska
тэніс

kubbadda koleyga
баскетбол

dabaal
плаванне

cayaarta feerka
бокс

hookiga barafka lagu dh
хакей з шайбай

kubadda cagta

футбол

baadminton

бадмінтон

ciyaaraha fudud

лёгкая атлетыка

kubadda gacanta

гандбол

iskii/ciyaarta barafka

горныя лыжы

cayaar-faras

пола

boodid
скакаць

qosol
смяяцца

hab-siin
абдымаць

soco
ісці

hees
спяваць

riyo
марыць

duceyso
маліцца

dhunkasho
цалаваць

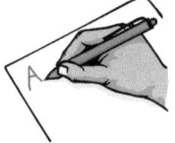

qorraxeed

пісаць

masawirid

маляваць

muuji

паказваць

riix

націснуць

sii

даваць

qaado

браць

haysasho

маць

samee

выконваць

ahaansho

быць

istaag

стаяць

orod

бегчы

jiid

цягнуць

tuur

кідаць

dhicid

падаць

been-sheegid

ляжаць

sug

чакаць

qaad

насіць

fariiso

сядзець

labiso

апранацца

seexo

спаць

toos

прачынацца

fiiri

глядзець

ooy

плакаць

dhuftay

лашчыць

shanleyso

прычэсвацца

hadal

гаварыць

faham

разумець

weydii

пытаць

dhageysasho

чуць

cab

піць

cun

есці

habee

прыбіраць

jacayl

кахаць

kari

гатаваць

kaxee

ехаць

duulid

лятаць

shiraaco

плаваць пад ветразем

xisaabi

лічыць

akhri

чытаць

barasho

вучыць

shaqee

працаваць

guurso

уступаць у шлюб

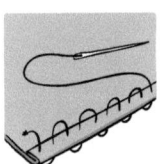

tol

шыць

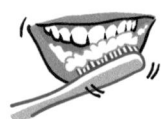

cadayso

чысціць зубы

dilid

забіваць

sigaar cab

курыць

dir

пасылаць

ayeeyo
бабуля

awoowe
дзядуля

aabbe
бацька

hooyo
маці

ilmo
дзіця

gabar
дачка

wiil
сын

marti

госць

eeddo

цётка

adeer

дзядзька

walaal rag

брат

walaal dumar

сястра

jir

цела

fool
лоб
il
вока
garab
плячо
far
палец
weji
твар
gar
падбародак
gacan
рука
lug
нага
naas
грудзі
cudud
рука

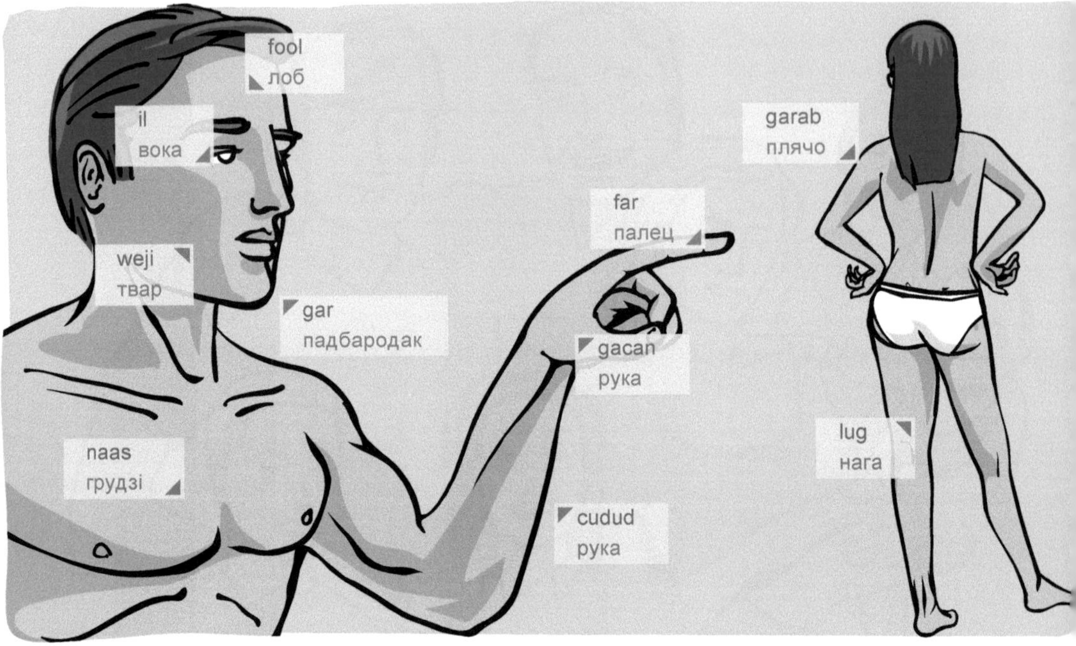

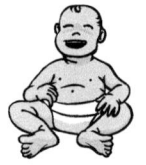

ilmo

дзіця

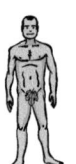

nin

мужчына

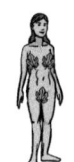

naag

жанчына

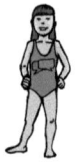

gabar

дзяўчынка

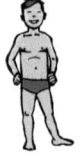

wiil

хлопчык

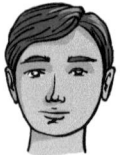

madax

галава

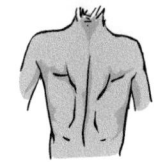

dhabar

спіна

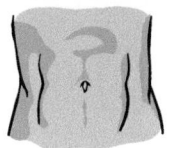

calool

жывот

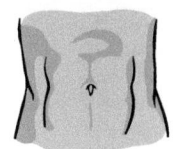

xuddun

пуп

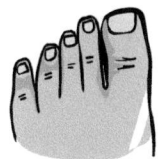

suul

палец нагі

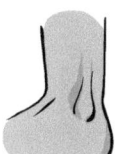

cirib

пятка

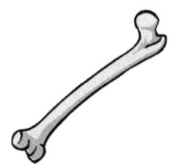

laf

костка

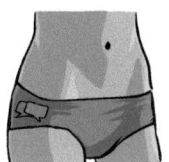

sin

бядро

jilib

калена

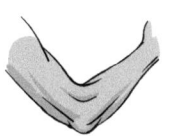

xusul

локаць

san

нос

bari

ягадзіца

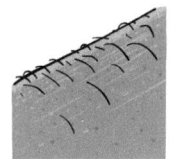

maqaar

скура

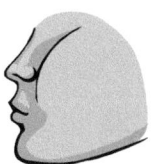

dhafoor

шчака

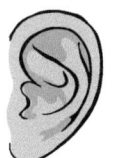

dheg

вуха

bishin

губа

jir - цела

af

рот

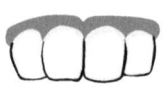

ilig

зуб

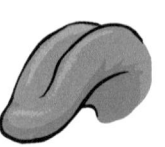

carrab

язык

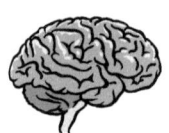

maskax

галаўны мозг

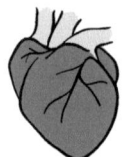

wadno

сэрца

muruq

мышца

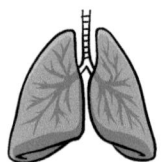

sambab

лёгкае

beer

пячонка

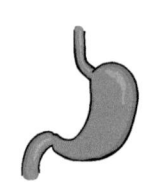

uur kujirta caloosha

страўнік

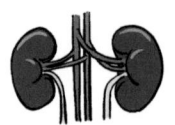

kelyo

ныркі

galmo

сэкс

cinjir-galmo

прэзерватыў

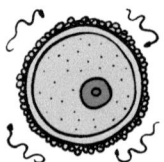

ugxan

яйцаклетка

shahwo

сперма

uur

цяжарнасць

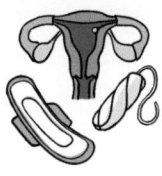

caado

менструацыя

siil

похва

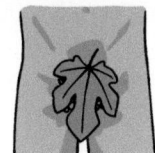

gus

пеніс

suni

брыво

timo

валасы

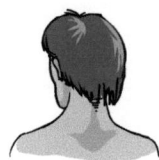

qoor

шыя

isbitaal
шпіталь

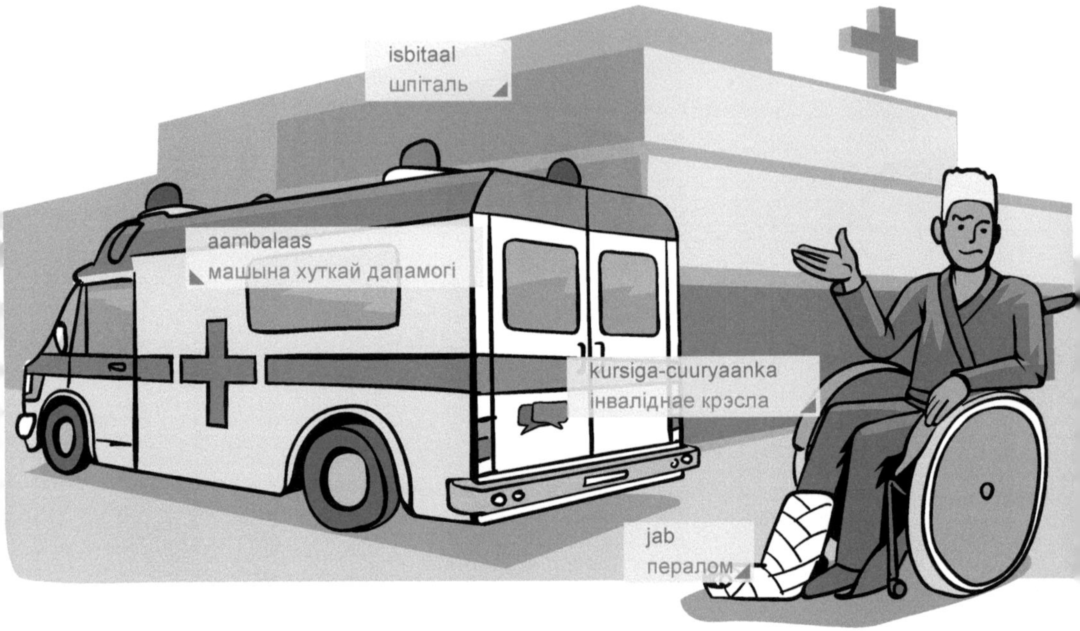

isbitaal
шпіталь
aambalaas
машына хуткай дапамогі
kursiga-cuuryaanka
інваліднае крэсла
jab
пералом

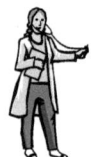

dhakhtar

доктар

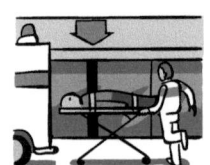

qolka xaaladaha-degdega ah

аддзяленне першай дапамогі

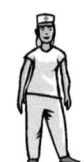

kalkaaliye

медсястра

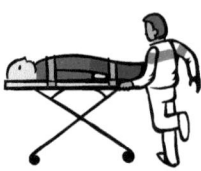

xaalad deg-deg ah

экстраная дапамога

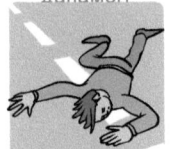

miyir-beelsan

непрытомны

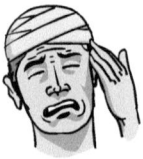

xanuun

боль

dhaawac

траўма

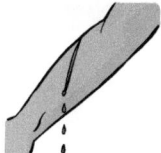

dhiig-bax

крывацёк

wadno-xanuun

інфаркт

qallal

апаплексія

xasaasiyad

алергія

qufac

кашаль

qandho

гарачка

hargab

грып

shuban

панос

madax-xanuun

галаўны боль

kansar

рак

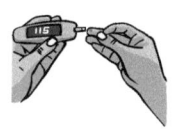

cudurka sokoroow

дыябет

dhakhtarka-qalliinka

хірург

mindida qalliinka

скальпель

qalliin

аперацыя

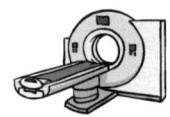

iskaan

КТ

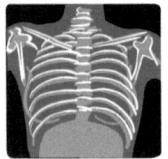

raajo

рэнтген

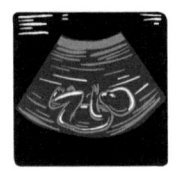

dhawaaq-xawaareed

ультрагук

maaskaro

маска

cudur sokoroow

хвароба

qolka sugitaanka

пачакальня

ul lagu boodo

мыліца

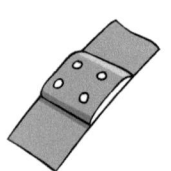

kab

пластыр

faashato

бінт

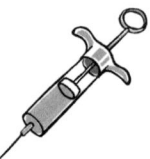

duris

ін'екцыя

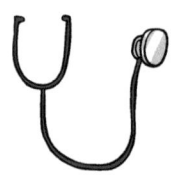

wadne-dhegeyeste

стэтаскоп

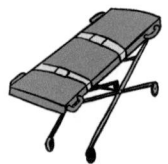

balankiino

насілкі

heer-kul-beega qandhada

градуснік

dhalasho

нараджэнне

aad-u-cayilan

лішняя вага

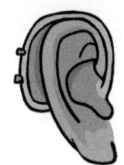

maqal-caawiye

слухавы апарат

jeermis-dile

дэзінфекцыйны сродак

caabuq

інфекцыя

feyras

вірус

AYDHIS/HIV

ВІЧ/СНІД

daawo

лекі

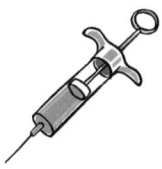

tallaal

прышчэпка

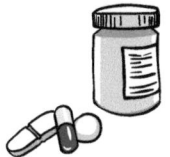

kaniiniyo

таблеткі

kaniin

супрацьзачаткавая
таблетка

wicitaan deg-deg ah

экстраны выклік

cabbiraha dhiig-karka

танометр

xanuunsan / caafimaadsan

хворы / здаровы

i caawiya!

Ратуйце!

sawaxan

сігналізацыя

weerar-kadisa ah

напад

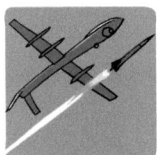

weerar

атака

khatar

небяспека

irridda bixida xaalad-deg-deg

аварыйны выхад

dab!

Пажар!

dab demiye

вогнетушыцель

shil

аварыя

saduuqa xaalada-degdega ah

аптэчка

codsi badbaado

СОС

booliis

паліцыя

Yurub

Еўропа

woqooyiga ameerika

Паўночная Амерыка

koonfurta ameerika

Паўднёвая Амерыка

Afrika

Афрыка

Aasiya

Азія

Oostareeliya

Аўстралія

Atlaantik

Атлантычны акіян

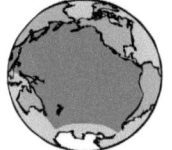

Pacific

Ціхі акіян

Bad-waynta hindiya

Індыйскі акіян

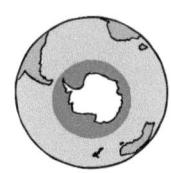

Bad-waynta antarctica

аўднёвы ледавіты акіян

Bad-waynta arctic

Паўночны ледавіты акіян

cirifka waqooyi

Паўночны полюс

cirifka koonfureed

Паўднёвы полюс

Antarctica

Антарктыда

dhul

Зямля

dhul

краіна

bad

мора

jasiirad

востраў

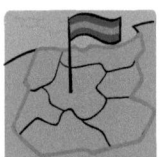

waddan

нацыя

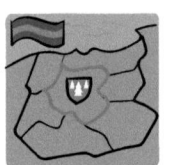

gobol

дзяржава

wajiga saacadda

цыферблат

gacanka saacada

гадзінная стрэлка

gacanka daqiiqada

хвілінная стрэлка

gacanka ilbiriqsiga

секундная стрэлка

waa intee saac?

Колькі часу?

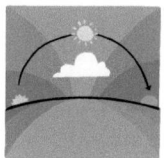

maalin

дзень

wakhti

час

hadda

зараз

saacadda jiifarrada

электронны гадзіннік

daqiiqad

хвіліна

saacad

гадзіна

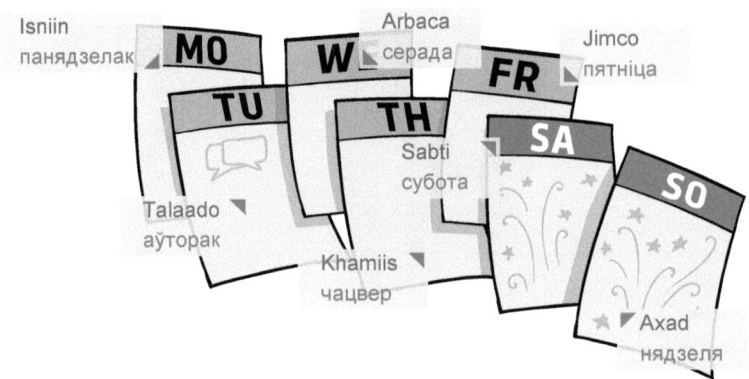

Isniin — панядзелак
Arbaca — серада
Jimco — пятніца
Talaado — аўторак
Sabti — субота
Khamiis — чацвер
Axad — нядзеля

shalay

ўчора

maanta

сёння

berri

заўтра

subax

раніца

duhur

абед

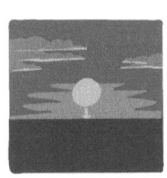

casir

вечар

maalmaha shaqo

працоўныя дні

dabayaaqada usbuuca

выхадныя

sanad

год

qaanso-roobaad
вясёлка
roob
дождж
roob-baraf
снег
dabayl
вецер
gu'
вясна
deyr
восень
xagaa
лета
jiilaal
зіма

4.APRIL 11°
5.APRIL 4°
6.APRIL 13°
7.APRIL 8°
8.APRIL 10°

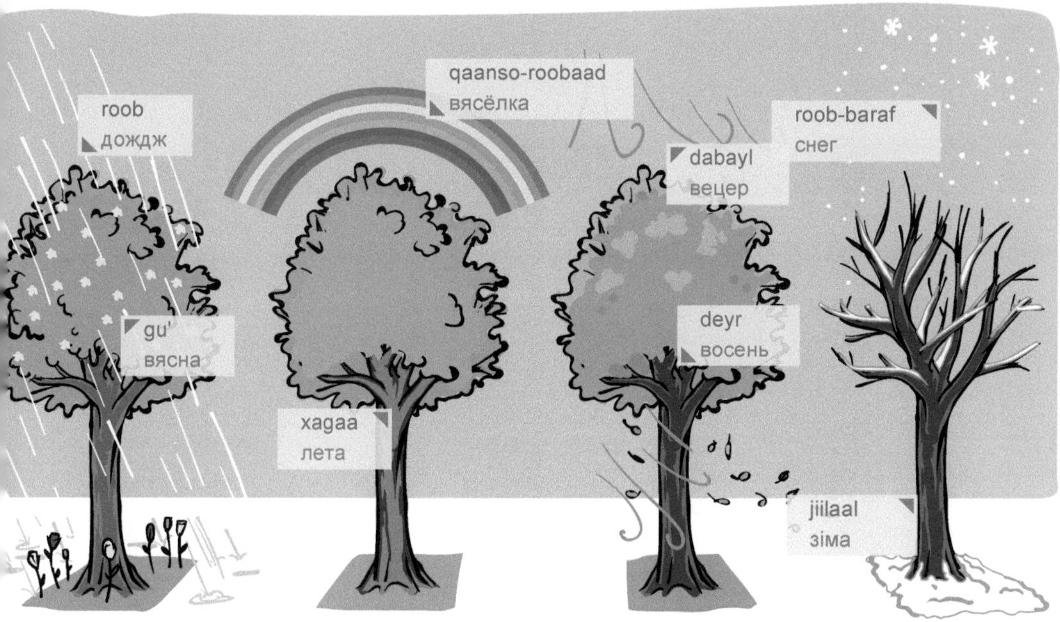

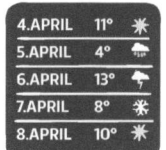

saadaal hawo
прагноз надвор'я

F
C
120
90
60
30
0
-30
40
30
20
10
0
-10
-20

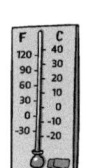

heer-kul baare
градуснік

qorraxeed
сонечнае святло

daruur
воблака

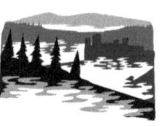

ceeryaamo
туман

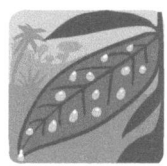

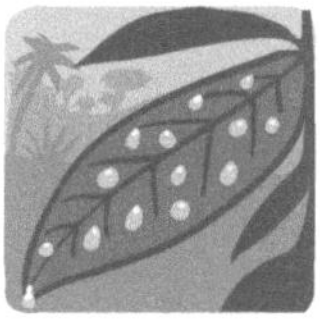

huur
вільготнасць паветра

jac

маланка

onkod

гром

duufaan

бура

roob-baraf

град

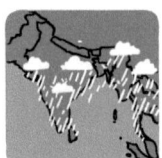

maansuun

мусонны вецер

daad

прыліў

baraf

лёд

Jannaayo

студзень

Febraayo

люты

Maarso

сакавік

Abriil

красавік

Mey

май

Juun

чэрвень

Luulyo

ліпень

Agoosto

жнівень

Sebteember

верасень

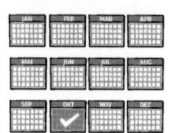

Oktoobar

кастрычнік

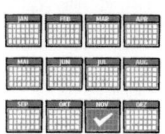

Nofeember

лістапад

Diseember

снежань

goobaabo

круг

afar-gees

квадрат

leydi

прамавугольнік

saddex-xagal

трохвугольнік

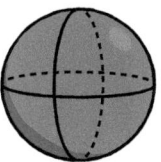

wareeg

шар

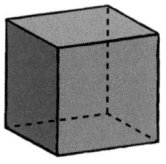

bokis

куб

caddaan

белы

hurdi

жоўты

oranji

аранжавы

guduud-khafiif

ружовы

casaan

чырвоны

carwaajis

фіялетавы

bluug

сіні

cagaar

зялёны

boroon

карычневы

cawl

шэры

madow

чорны

badan / yar

шмат / мала

caro / daganaan

злы / добры

qurxoon / foolxun

прыгожы / брыдкі

billow / dhammaad

пачатак / канец

yar / weyn

высокі / малы

iftiin / mugdi

светлы / цёмны

walaalkaa / walaashaa

сястра / брат

nadiif / wasakhaysan

чысты / брудны

buuxa / dhantaalan

поўны / няпоўны

maalin / habeen

дзень / ноч

dhintay / nool

мёртвы / жывы

ballaaran / ciriiri ah

шырокі / вузкі

la cuni karo / aan la cuni karin

ядомы / неядомы

arxan-daran / naxariis-badan

злы / добры

faraxsan / caajisan

узбуджаны / нудны

buuran / caateysan

тоўсты / тонкі

ugu horeeya / ugu dambeeya

першы / апошні

saaxiib / cadaw

сябар / вораг

maran / buuxa.

поўны / пусты

adag / jilicsan

цвёрды / мяккі

culus / fudud

важкі / лёгкі

gaajo / oon

голад / смага

xanuunsan / caafimaadsan

хворы / здаровы

sharci-darro / sharci

нелегальны / легальны

caaqil / dabbaal

разумны / дурны

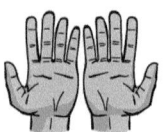

bidix / midig

левы / правы

dhow / fog

побач / далёка

cusub / duug

новы / былы ва ўжыванні

waxba / wax

нічога / нешта

da' / dhalinyar

стары / малады

daaris / damin

укл / выкл

furan / xiran

адчынены / зачынены

aamusnaan / cod-dheer

ціхі / гучны

taajir / sabool

багаты / бедны

sax / khalad

правільна / няправільна

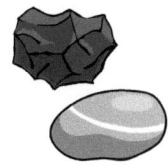

jilif leh / sabiibax

шурпаты / гладкі

murugsan / faraxsan

сумны / шчаслівы

gaaban / dheer

кароткі / доўгі

tartiib / dhaqsi

павольны / хуткі

qoyaan / qalleyl

вільготны / сухі

qandac / qabow

цёплы / халаднаваты

dagaal / nabad

вайна / мір

0

eber

нуль

1

kow

адзін

2

laba

два

3

saddex

тры

4

afar

чатыры

5

shan

пяць

6

lix

шэсць

7

toddoba

сем

8

sideed

восем

9

sagaal

дзевяць

10

toban

дзесяць

11

kow iyo toban

адзінаццаць

12

laba iyo toban

дванаццаць

13

sadex iyo toban

трынаццаць

14

afar iyo toban

чатырнаццаць

15

shan iyo toban

пятнаццаць

16

lix iyo toban

шаснаццаць

17

todoba iyo toban

сямнаццаць

18

sideed iyo toban

васямнаццаць

19

sagaal iyo toban

дзевятнаццаць

20

labaatan

дваццаць

100

boqol

сто

1.000

kun

тысяча

1.000.000

malyuun

мільён

Af ingiriis

англійская

Ingiriiska Mareykanka

англійская (Амерыка)

Mandariinka Shiinaha

кітайская мандарынская

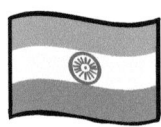

Hindi

хіндзі

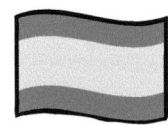

Boortaqiis

іспанская

Faransiis

французская

Carabi

арабская

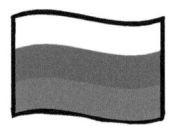

Ruush

руская

Boortaqiis

партугальская

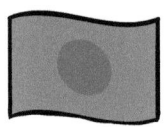

Bengaali

бенгальская

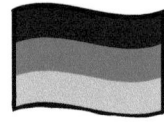

Jarmal

нямецкая

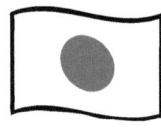

Jabaaniis

японская

aniga

я

adiga

ты

asaga / ayada

ён / яна / яно

annaga

мы

idinka

вы

ayaga

яны

kee?

хто?

maxay?

што?

sidee?

як?

xagee?

дзе?

goorma?

калі?

magac

імя

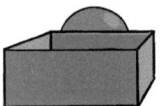

gadaal

за

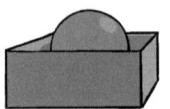

gudaha

у

horta

перад

ka sare

над

dusha

на

ka hooseeya

пад

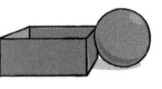

dhinac

каля

u dhexeeya

паміж

meel

месца